FULL SCORE

ECF-0036

春のロンド

Spring Rondo

作曲：福田洋介
Yosuke Fukuda

フレックス3重奏
管打楽器3パート

Part 1
Flute / Oboe / Bassoon / B♭ Clarinet / Alto Clarinet / Bass Clarinet /
Soprano Saxophone / Alto Saxophone / Tenor Saxophone / Baritone Saxophone /
B♭ Trumpet / F Horn / Trombone / Euphonium / Mallet Percussion

Part 2
Flute / Oboe / Bassoon / B♭ Clarinet / Alto Clarinet / Bass Clarinet /
Soprano Saxophone / Alto Saxophone / Tenor Saxophone / Baritone Saxophone /
B♭ Trumpet / F Horn / Trombone / Euphonium / Tuba / Mallet Percussion

Part 3
Flute / Oboe / Bassoon / B♭ Clarinet / Alto Clarinet / Bass Clarinet /
Soprano Saxophone / Alto Saxophone / Tenor Saxophone / Baritone Saxophone /
B♭ Trumpet / F Horn / Trombone / Euphonium / Tuba / String Bass / Mallet Percussion

■編成について
演奏の参考になるよう【奨励編成】をいくつか提示しています。奨励編成を基準とした上で、不足楽器を該当パートの他楽器に
入れ替えて編成を組むと演奏しやすいでしょう。また、奨励編成に限らず、フレックスという言葉が意味するように、奏者それぞれ
で独自性のある編成を考えて、独創性に富んだアンサンブル表現を創り出してみるのも良いでしょう。その際、音量のバランスに
気を配ることを忘れないでください。

【奨励編成】 Part 1 / Part 2 / Part 3 の順で表記しています。

(1) Trp. / Trb. / Euph.
(2) Ob. / B♭Cl. / Bsn.
(3) Trb. / Euph. / Tub.

春のロンド
Spring Rondo

フレックス3重奏
管打楽器3パート

■作曲者コメント

春がやってくる、または、春が過ぎていく、その頃に少しずつあたたかな風を感じて、心が弾んだり、おだやかになったりします。古来より「春」の到来こそ喜ばしいと描かれている事は、どんな地域でも共通しているように思います。今作品では具体的な物語を持ちませんが、春に印象を寄せた三つの情景を描いてみました。

① 3拍子のファンファーレ
② おだやかな4分音符と8分音符による歌
③ 5拍子(8分音符＝3+3+2+2のリズム)による弾みのあるダンスと、4拍子のなめらかなダンス

リズムや旋律の性格の違い、3重奏ならではのリズムやハーモニーの一体感、声部の重なり合う立体感を大切に、華やかな音楽を目指していただきたいと思います。

(by 福田洋介)

■作曲者プロフィール / 福田洋介　　Yosuke Fukuda

1975年東京杉並生まれ。11歳よりDTMシステムによる音楽作りを始める。現在まで作・編曲は独学。そして中学、高校と吹奏楽を続ける。高校在学中に商業演劇の音楽を担当。その後演劇・舞踊・映画・TV・イベント等の音楽製作、吹奏楽・管弦楽・室内楽の作・編曲および指導・指揮に力を注ぐ。吹奏楽やアンサンブルのCDや楽譜を株式会社ウィンズスコア、エイベックス・クラシックスなど各社より多数出版。佐渡裕&シエナ・ウインド・オーケストラ、「題名のない音楽会21」などのアレンジャーとしても好評を博す。その他、学生団体・一般団体の常任・客演指揮も務めている。
ダイナミックかつシンフォニックな音楽から、一度聞いたら忘れられない透明でシンプルな音楽まで、あらゆる姿の音を紡ぎ出すその作風に、各方面からの評価と信頼が高い。
現在、東邦音楽大学特任准教授・ウインドオーケストラ指揮者。

＜主な作品＞　『さくらのうた』(第22回朝日作曲賞)、『吹奏楽のための「風之舞」』(第14回朝日作曲賞)、『KA-GU-RA for Band』(JBA下谷賞・佳作)、『シンフォニック・ダンス』、『サクソフォン・シャンソネット』他

春のロンド
Spring Rondo

福田 洋介
Yosuke Fukuda

春のロンド - 3

春のロンド - 15

ご注文について

楽譜のご注文はウィンズスコア、エレヴァートミュージックのWEBサイト、または全国の楽器店ならびに書店にて。

●ウィンズスコアWEBサイト
吹奏楽譜／アンサンブル楽譜／ソロ楽譜

winds-score.com
左側のQRコードより
WEBサイトへアクセスし
ご注文ください。

ご注文方法に関しての
詳細はこちら▶

●エレヴァートミュージックWEBサイト
ウィンズスコアが展開する合唱・器楽系楽譜の専門レーベル

elevato-music.com
左側のQRコードより
WEBサイトへアクセスし
ご注文ください。

ご注文方法に関しての
詳細はこちら▶

TEL:0120-713-771　FAX:03-6809-0594
（ウィンズスコア、エレヴァートミュージック共通）

※この出版物の全部または一部を権利者に無断で複製（コピー）することは、
　著作権の侵害にあたり、著作権法により罰せられます。

※造本には十分注意しておりますが、万一、落丁・乱丁などの不良品がありましたら
　お取り替えいたします。また、ご意見・ご感想もホームページより受け付けておりますので、
　お気軽にお問い合わせください。

Part 1
Alto Clarinet / Alto Saxophone / Baritone Saxophone

春のロンド
Spring Rondo

福田 洋介
Yosuke Fukuda

春のロンド
Spring Rondo

Part 2
Alto Clarinet / Alto Saxophone / Baritone Saxophone

福田 洋介
Yosuke Fukuda

春のロンド
Spring Rondo

Part 3
Oboe / Mallet Percussion

福田 洋介
Yosuke Fukuda

Part 3
Soprano Saxophone / B♭ Trumpet

春のロンド
Spring Rondo

福田 洋介
Yosuke Fukuda

Part 3
Soprano Saxophone / B♭ Trumpet